Dirección editorial:
Departamento de Literatura GE

Dirección de arte:
Departamento de Diseño GE

Diseño de la colección:
Manuel Estrada

El 0,7% de la venta de este libro se destina a proyectos de desarrollo de la ONGD SED (www.sed-ongd.org).

Título original: *Llàgrimes de cocodril*

Impresión:
Edelvives Talleres Gráficos. Certificado ISO 9001
Impreso en Zaragoza, España

ISBN: 978-84-263-9901-4

EDELVIVES

ALA DELTA

Lágrimas de cocodrilo

Pep Molist

Ilustraciones
Emilio Urberuaga

Traducción
Pere Pla

Para Teresa, mi madre

Los cocodrilos no olvidarán nunca la tarde en que Cocolicot se puso a llorar a lágrima viva.

Sucedió el día en que nació la Laguna Dulce y la tierra en la que viven los cocodrilos pasó a denominarse el Valle de las Lágrimas.

Hasta entonces, su papá siempre le decía a Cocolicot:

—¡Los cocodrilos no lloran!

Y su mamá añadía:

—¡Los cocodrilos tienen cocoraje, son decididos y seguros!

Hasta entonces, Cocolicot solamente fingía que lloraba. Lo hacía cada vez que quería algo y no se lo concedían.

Cocolicot abría la boca y gritaba:

—¡Mamá, quiero que me des membrillos del árbol! ¡A mí no me gustan los coconfitados! ¡¡Buuuaaa!!

O bien, cuando tenía muchísima hambre, Cocolicot pataleaba y se desgañitaba:

—¡¡¡¡Quiero una pata de hipopótamo!!!!!

Pero aquellas eran
lágrimas de mentira.
Un puñadito de nada.
Y eran secas.
Y estaban vacías.
Eran lágrimas de cocodrilo.

Un día, Cocolicot
echó de menos a Coquiu,
el pájaro que solía acompañarlos
a él y a Coconuta, su hermana.

Cocolicot se puso triste,
y entonces una, o tres, o quizá
cinco lágrimas estuvieron a punto
de resbalar por sus ojos.

Cocolicot tuvo que contenerlas.

—Llorar es cocosa de pájaros
mohínos, de gacelas tontorronas
y de jirafas lánguidas —se dijo.

Otro día, su mamá lo mandó a la cama sin cenar porque había hecho desaparecer toda el agua que quedaba en la charca en la que se bañaban. Lo había hecho para salpicar a Coconuta.

Aquel día, Cocolicot también notó las lágrimas a punto de deslizarse por su piel.

Cocolicot se escondió en su rincón habitual, se tapó con su cobija de juncos y lloró. Pero lo hizo por dentro y de forma desconsolada.

Era como un descomunal aguacero que inundaba su cuerpo por dentro.

Una vez, al mediodía, Coconuta se tomó el aperitivo que tanto les había costado preparar a Cocolicot y a su papá. Se habían pasado toda la mañana pescando docenas y docenas de ranas para preparar un plato con sus ancas.

La rabia que eso le causó a Cocolicot hizo que se le subieran las lágrimas a los ojos; sin embargo, se las tuvo que tragar y dejarlas correr por dentro. Cuando hacía eso, a Cocolicot le quedaba tal charco en la barriga que tardaba días en secársele.

Durante todo ese tiempo, Cocolicot caminaba muy poco a poco, arrastrándose como tantos y tantos cocodrilos, que parece que llevan un cargamento a cuestas.

Y así llegó la famosa tarde en que Cocolicot rompió a llorar como una magdalena.

Sus papás, Coconuta y él habían salido para chapotear un poco en la charca que había más allá del desfiladero.

Junto a su casa apenas quedaba agua. Hacía días que no llovía ni una gota.

Sus papás caminaban delante. Coconuta y Cocolicot marchaban más retrasados. Cuando llegaron al desfiladero,

vieron que su mamá y su papá
ya estaban en el otro lado.

Ningún tronco unía
las dos partes del camino.
Abajo, algo más allá,
se veía un hilo de agua
y unos peñascos afilados.

Desde la otra orilla, el papá les indicó:

—¡Tienen que dar un saltito! ¡No hay ningún peligro!

Y la mamá añadió:

—¡Es muy fácil! ¡Toman impulso, saltan y chas, ya están en este lado!

Primero lo intentó Coconuta. Una carrerita, un salto y, perfecto, ya estaba en el otro lado.

Después le tocó el turno a Cocolicot.

El pequeño tomó impulso, corrió... pero al llegar al borde del acantilado, «¡hhhhhiiiiii!», frenó en seco. ¡Tenía muchísimo miedo!

Al otro lado, Coconuta y sus papás comenzaron a caminar hacia la charca. Los tres confiaban en que Cocolicot saltaría.

Los tres sabían que era un cocodrilo valiente como pocos en este mundo.

Cocolicot tomó impulso otra vez, ahora desde un poco más lejos, empezó a correr y, cuando llegó al borde, «¡hhhhhiiiiii!», el frenazo fue aun más fuerte, el miedo aun mayor y, ¡aaaaayyyy!, la rabia comenzó a hacerle picar los ojos.

Al mismo tiempo, observó que Coconuta y sus papás ya estaban algo lejos.

Cocolicot retrocedió,
cogió todavía más impulso que antes
y corrió a toda velocidad
hacia el acantilado.

«¡¡¡Hhhhiiiii!!!».

El frenazo fue tremendo. ¡¡¡Nada!!!

Sentía un miedo inmenso,
y a la vez la rabia le causaba
un ardor profundo.

—¡Ahhhh! ¡No puedo, no puedo!
—gritó Cocolicot.

El picor de los ojos se convirtió
en lágrimas que no pudo reprimir
y que comenzaron a brotar vivamente.

Aquellas eran lágrimas auténticas.
Eran húmedas. Eran saladas.
Eran lágrimas de verdad.
Y eran también lágrimas de cocodrilo.

Cocolicot estaba solo, completamente solo. Ya no divisaba a sus papás ni a Coconuta, y nadie lo veía a él.

—¡Ayyy! ¡No puedo saltar! ¡No soy capaz! —repetía una y otra vez, y no lograba dejar de llorar, a la vez que pateaba el suelo con rabia y movía la cabeza y la cola de un lado a otro.

Pero poco después
aparecieron Coconuta
y sus papás con un tronco largo
para que Cocolicot
pudiera cruzar al otro lado.

—¡Ay! ¡No quieeero
que cocontemplen mi caaara!
¡¡Estoooy lloraaando!!
—dijo enrabietado.

—¡Tranquilo, Cocolicot,
no pasa nada! —le contestó su papá.

—Los cocodrilos con cocoraje,
decididos y valientes también lloran
cuando sufren cocomplicaciones
—añadió su mamá.

Cocolicot siguió sollozando.
Pero el picor empezó a disminuir.
Y la rabia se convirtió en alegría.
Cocolicot estaba contento
porque tenía cerca a su papá,
a su mamá y a Coconuta.
Y empezó a reírse,
aunque sin poder dejar de llorar.

—Llorar no es solo
cocosa de pájaros mohínos,
de gacelas tontorronas
y de jirafas lánguidas.
También es cocosa de cocodrilos
cocomunes y cocorrientes
—le recordó Coconuta.

Aquellas eran también
lágrimas auténticas.
Estaban húmedas.
Y eran de verdad.
Pero ahora eran dulces
como la alegría.
Y eran también lágrimas
de cocodrilo.

Cocolicot lloró toda la tarde.

Cuando estuvo lo suficientemente tranquilo como para cruzar el acantilado, no le hizo falta aquel enorme tronco porque ya se podía pasar nadando.

Se había formado una laguna

que lo cubría todo. Una laguna de lágrimas dulces.

Desde ese día, Cocolicot, Coconuta y todos los cocodrilos de aquel lugar viven a orillas de la Laguna Dulce, que es el nombre que le pusieron.

Ahí los cocodrilos nadan con facilidad.

Ahí los cocodrilos pasean tranquilos por sus orillas.

Los cocodrilos, sin que nadie los vea, lloran ahí lágrimas auténticas. Húmedas. Verdaderas. A veces saladas y ardientes, y otras veces dulces y picantes.

Los cocodrilos ya no llevan dentro un charco que les pesa. Tienen fuera una gran laguna, justo en medio del Valle de las Lágrimas.

Ahí es donde comen, ríen y lloran Cocolicot y Coconuta, y donde de vez en cuando los pájaros mohínos, las gacelas tontorronas y las jirafas lánguidas se acercan a beber agua.

Últimos títulos publicados

Serie Roja

Un celular en el Polo Norte. **Carl Norac**
Tomás y el borrador mágico. **Ricardo Alcántara**
El monstruo peludo. **Henriette Bichonnier**
Sola y Sincola. **Patxi Zubizarreta**
El árbol de los abuelos. **Danièle Fossette**
El cartero que se convirtió en carta. **Alfredo Gómez Cerdá**
¡Sólo a mí me pasa! **Gabriela Keselman**
Una bruja horriblemente hermosa. **Christophe Miracourt**
El niño gol. **Ramón García Domínguez**
Constantino hace llover. **Ana María Machado**
El maravilloso puente de mi hermano. **Ana María Machado**
El perro que buscaba estrellas. **Ricardo Gómez**
Para hacer un pastel de manzana. **Pablo Albo**
Rodando, rodando… **Marinella Terzi**
Gabriel y la isla azul. **Amélie Cantin**
Faquir. **Daniel Monedero**
El viaje secreto. **Joan Manuel Gisbert**
Chismorreo. **Pepe Maestro**
El enredo de Miguel. **Paloma Sánchez Ibarzábal**
Lágrimas de cocodrilo. **Pep Molist**
Tomás y la moneda mágica. **Ricardo Alcántara**